AF206494




Impressum
Verlag: BABADADA GmbH, Nedderfeld 112 , 22529 Hamburg
Geschäftsführer / Verlagsleitung: Harald Hof
Druck: Books on Demand GmbH, In de Tarpen 42, 22848 Norderstedt

Imprint
Publisher: BABADADA GmbH, Nedderfeld 112 , 22529 Hamburg, Germany
Managing Director / Publishing direction: Harald Hof
Print: Books on Demand GmbH, In de Tarpen 42, 22848 Norderstedt, Germany

# مدرسه
## ښوونځی

کلاس درس
ټولګی

تقسیم کردن
تقسیم

186/2

تخته
بورډ

حیاط مدرسه
د ښوونځي حویلی

معلم
ښوونکی

کاغذ
ورق

نوشتن
لیکل

خودکار
قلم

میز تحریر
ډیسک

خط کش
خط کش

کتاب
کتاب

دانش آموز
زده کونکی

مداد

پنسل

جامدادی

د پنسل بکسه

کیف مدرسه

کڅوړه

دفتر رسم

د رسامی پاڼه

پاک کن

ربړ

تراش

پنسل تراش

طراحی
................
رسامي

قلم مو
................
د نقاشی برس

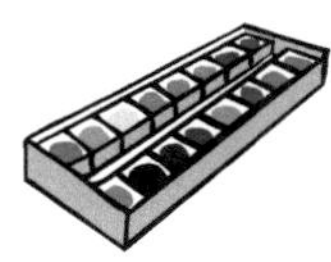

جعبه ی آبرنگ
................
د نقاشی بکس

قیچی
................
قیچي

چسب
................
سریښ

کتاب تمرین
................
د تمرین کتاب

تکلیف خانه
................
کورنی دنده

رقم
................
شمیر

2+2

جمع کردن
................
جمع

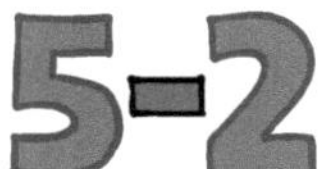


تفریق کردن
................
منفي

ضرب کردن
................
ضرب

محاسبه کردن
................
حساب

حرف الفبا
................
توری

ABCDEFG
HIJKLMN
OPQRSTU
VWXYZ

الفبا
................
الفبا

hello

کلمه
................
کلمه

گچ

تباشیر

خواندن

لوستل

متن

متن

امتحان

ازموینه

ثبت نام

راجستر

درس

درس

تحصیلات

تعلیم

لباس مدرسه

د ښوونځي یونیفارم

مدرک رسمی

تصدیق پاڼه

میکروسکوپ

مایکروسکوپ

دانشگاه

پوهنتون

دانشنامه

دایره المعارف

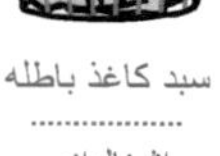

سبد کاغذ باطله

اشغالدانی

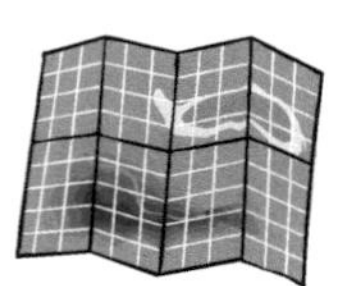

نقشه

نقشه

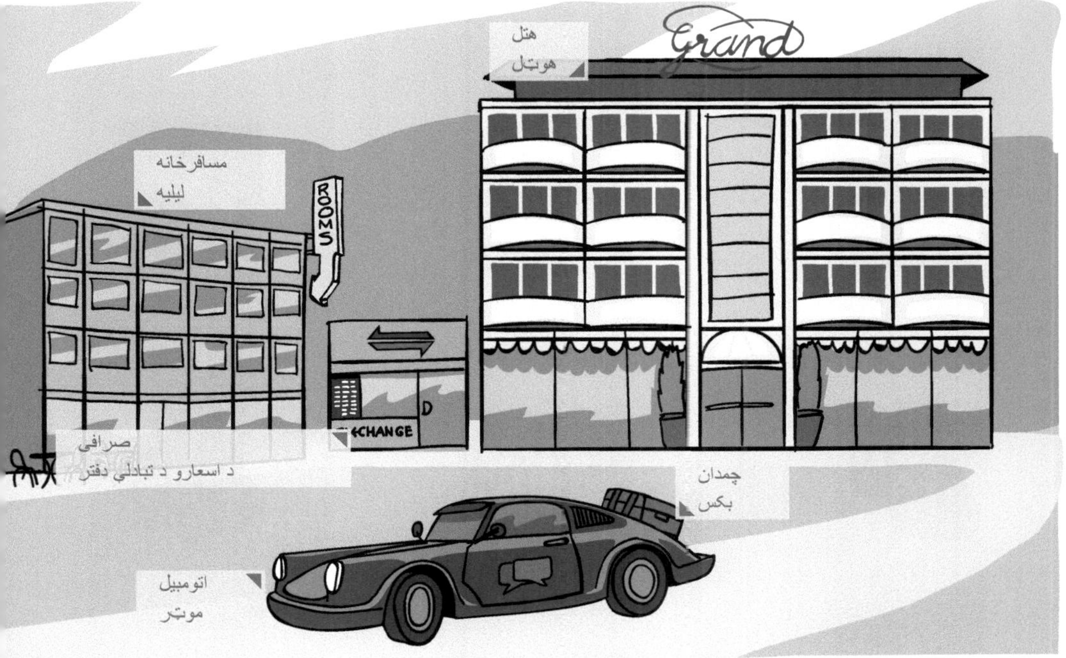

# سفر

## سفر

هتل
هوټل

مسافرخانه
لیلیه

صرافی
د اسعارو د تبادلې دفتر

چمدان
بکس

اتومبیل
موټر

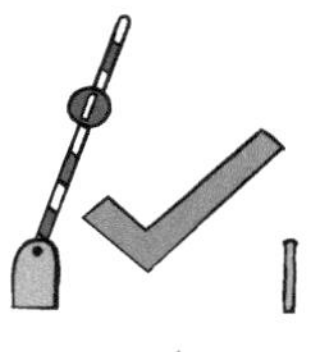

آکی

سمه ده

بله / خیر

هو/نه

زبان

ژبه

ممنون

مننه

مترجم

ژباړونکی

سلام

سلام

مشکل
..................
ستونزه

من متوجه نمی شوم
..................
زه نه پوهیږم

قیمت ... چه قدر است؟
..................
څومره دي...؟

شب بخیر!
..................
شپه په خیر!

صبح بخیر!
..................
سهار په خیر!

عصر بخیر! / شب بخیر!
..................
ماښام مو پخیر!

بار سفر
..................
سامان

جهت
..................
لارښود

خدانگهدار
..................
په مخه مو ښه

مهمان
..................
میلمه

کوله پشتی
..................
شاتنی بکس

کیف
..................
بیک

خیمه
..................
خیمه

کیسه خواب
..................
د خوب کڅوړه

اتاق
..................
خونه

مرکز راهنمای گردشگران
..................
د توریزم معلومات

ساحل
..................
ساحل

کارت اعتباری
..................
کریډېټ کارت

صبحانه
..................
ناری

نهار
..................
د غرمې خواړه

شام
..................
د شپې خواړه

بلیط
..................
ټیکټ

آسانسور
..................
لفټ

مهر
..................
مهر

مرز
..................
پوله

گمرک
..................
ګمرک

سفارتخانه
..................
سفارت

ویزا
..................
ویزه

گذرنامه
..................
پاسپورټ

# حمل و نقل

## ټرانسپورټ

هواپیما
الوتکه

کشتی
بیړی

ماشین آتش نشانی
د اور ماشین

کامیون
ټرک

اتوبوس
بس

قایق موتوری
موټرکښتی

دوچرخه
بایک

اتومبیل
موټر

موتورسیکلت
...................
موټرسایکل

قایق
...................
کښتی

کشتی مسافربری
...................
کښتی

ماشین کرایه ای
...................
کرایی موټر

ماشین مسابقه
...................
د ریس موټر

ماشین پلیس
...................
د پولیسو موټر

به اشتراک گذاری اتوموبیل
..................
د کرایه موټري

جرثقیل
..................
جرثقیل لرونکی ټرک

ماشین حمل زباله
..................
ریفیوز ټرک

موتور
..................
موټر

بنزین
..................
سونګ توکي

پمپ بنزین
..................
پټرول سټیشن

تابلو راهنمایی و رانندگی
..................
ترافیکي نښه

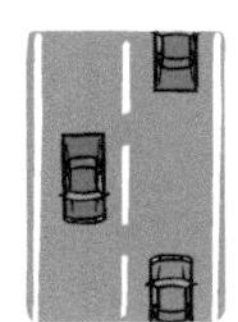

عبور و مرور
..................
ترافیک

ترافیک
..................
جام ترافیک

پارکینگ
..................
د موټرو تمځای

ایستگاه قطار
..................
د ریل سټیشن

ریل راه آهن
..................
پاټکي

قطار
..................
ریل

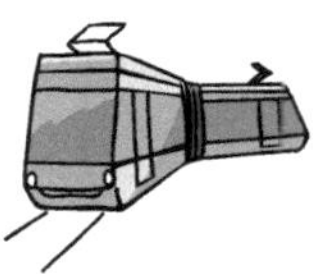

قطار برقی
..................
ټرام

واگن
..................
واګون

برج

برج

فرودگاه

هوايي ډګر

هلیکوپتر

چورلکه

کارتن

کارتون

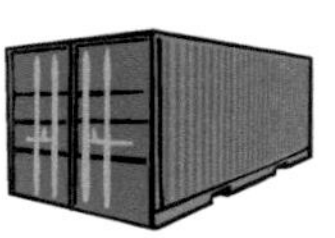

کانتینر

کانټینر

مسافر

مسافر

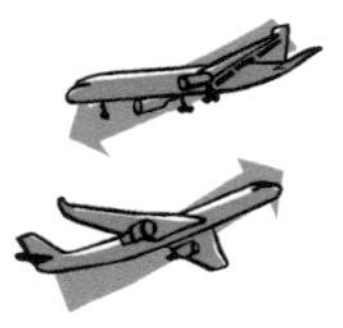

به پرواز درآمدن / فرود آمدن

الوتنه کول/کښېناستل

سبد

ټوکرى

گارى

کارت

## شهر

## ښار

خانه

کور

مرکز شهر

د ښار مرکز

دهکده

کلی

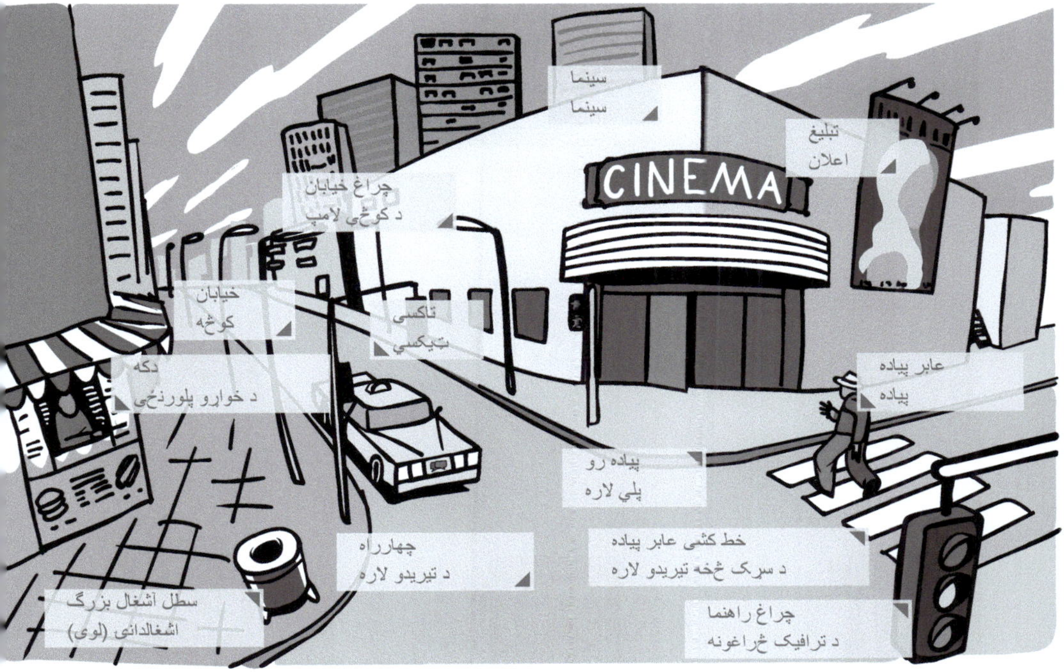

سینما
سینما

تبلیغ
اعلان

چراغ خیابان
د کوڅې لامپ

خیابان
کوڅه

تاکسی
ټیکسي

دکه
د خوارو پلورنځی

عابر پیاده
پیاده

پیاده رو
پلي لاره

چهارراه
د تیریدو لاره

خط کشی عابر پیاده
د سړک څخه تیریدو لاره

سطل آشغال بزرگ
اشغالدانی (لوی)

چراغ راهنما
د ترافیک څراغونه

ایستگاه قطار
..............
د ریل سټېشن

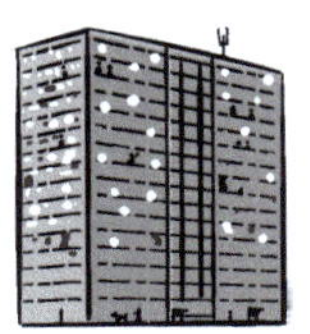

آپارتمان
..............
اپارتمان

کلبه
..............
کوډله

مدرسه
..............
ښوونځی

موزه
..............
میوزیم

ساختمان شهرداری
..............
ټاون هال

بیمارستان

روغتون

بانک

بانک

دانشگاه

پوهنتون

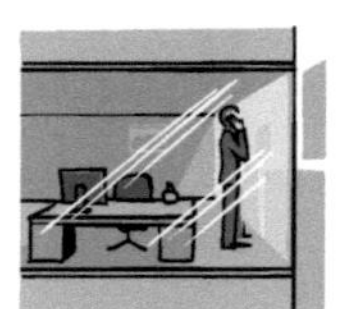

اداره

دفتر

داروخانه

درملتون

هتل

هوټل

گل فروشی

د ګلانو پلورنځی

مغازه

پلورنځی

کتابفروشی

کتاب پلورنځی

فروشگاه بزرگ

د دیپارټمنټ سټور

بازار

مارکیټ

سوپرمارکت

لوی پلورنځی

بندر

لنګرتون

مرکز خرید

د پلور مرکز

ماهی فروش

کب پلورنځی

پارک
..................
پارک

نیمکت
..................
بینچ

پل
..................
پل

پله
..................
زینه

مترو
..................
د ځمکي لاندي

تونل
..................
تونل

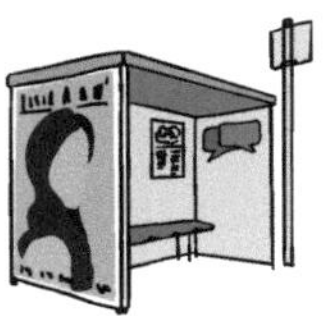

ایستگاه اتوبوس
..................
بس تمځای

میخانه
..................
بار

رستوران
..................
ریسټورانټ

صندوق پست
..................
پوست بکس

تابلوی خیابان
..................
د کوڅې نښه

دستگاه پارکومتر
..................
د پارک کولو میټر

باغ وحش
..................
ژوبڼ

استخر شنای عمومی
..................
د لامبو حوض

مسجد
..................
مسجد

قبرستان

هدیره

آلودگی محیط زیست

ناپاکي

مزرعه

کرونده

معبد

معبد/کلیسا

زمین بازی

د لوبو ډګر

کلیسا

چرچ

## چشم انداز

## منظره

برگ
پاڼه

تابلوی راهنمای مسیر
د لارښووني نښه

راه
لاره

چمنزار
چمن

سنگ
کاڼی

راه نورد
هیکر

درخت
ونه

رودخانه
سیند

چمن
واښه

گل
ګل

دریاچه

................

ناور

تپه

................

غونډۍ

دره

................

دره

کوه آتشفشان

................

اورشیندی

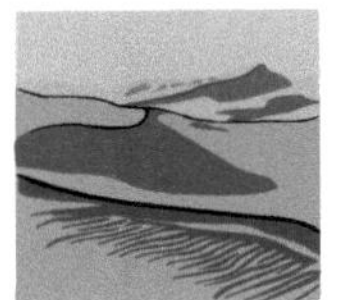

بیابان

................

دشته

جنگل

................

ځنګل

قارچ

................

مرخیړي

رنگین کمان

................

رنګین کمان

قلعه

................

کلا

مگس

................

الوتل

پشه

................

ماشي

درخت نخل

................

پلم ونه

عنکبوت

................

غونډل/جولا

زنبور

................

مچۍ

مورچه

................

میږی

سنجاب
.................
نولی

قورباغه
.................
چونګښه

سوسک
.................
ګونګټ

جغد
.................
ګونګ

خرگوش صحرایی
.................
سوی

جوجه تیغی
.................
زیږکی

گراز
.................
نرخوګ

قو
.................
قازه

پرنده
.................
مرغی

سد آب
.................
بند

گوزن شمالی
.................
ګاوزه

گوزن نر
.................
هوسی

آب و هوا
.................
اقلیم

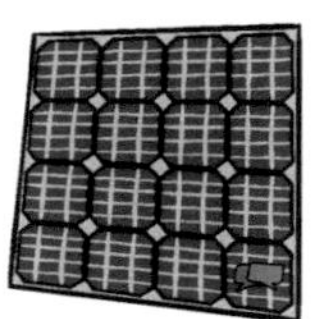

صفحه ی خورشیدی
.................
سولر تختي

توربین بادی
.................
بادي توربين

# رستوران

## ریسټورانټ

پیشخدمت رستوران
پیشخدمت

منوی غذا
مینو

صندلی
چوکی

سوپ
سوپ

پیتزا
پیزا

سرویس کارد و قاشق و چنگال
بښاخی، چاقو، کاشوغه

رومیزی
د میز ټوټه

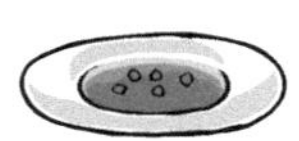

پیش‌غذا
..................
ستارټر

غذای اصلی
..................
اصلي خواړه

دسر
..................
شیرني

نوشیدنی ها
..................
څښاک

غذا
..................
خواړه

بطری
..................
بوتل

فست فود
...............
فاسټ فوډ

اغذیه خیابانی
...............
د کوڅې خواړه

قوری
...............
چای جوش

قندان
...............
قندانی

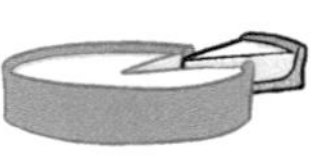

پُرس غذا
...............
برخه

دستگاه اسپرسو
...............
اسپرسو مشین

صندلی پایه بلند غذاخوری بچه
...............
لوړه چوکۍ

صورتحساب
...............
رسید

سینی
...............
مجمه

چاقو
...............
چاکو

چنگال
...............
پنجه

قاشق
...............
قاشق

قاشق چایخوری
...............
چای قاشق

دستمال سفره
...............
سورویت

لیوان
...............
گلاس

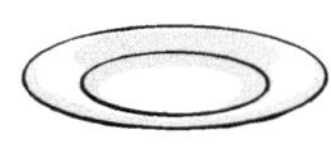

بشقاب

پلیټ

بشقاب سوپخوری

د سوپ پلیټ

نعلبکی

نالبکۍ

سس

ساس

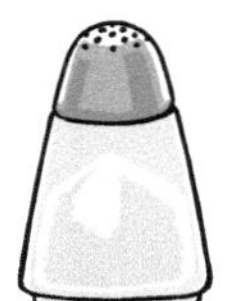

نمکدان

مالګه شیندونکی

فلفل ساب

د مرچ ټکولو لوخی

سرکه

سرکه

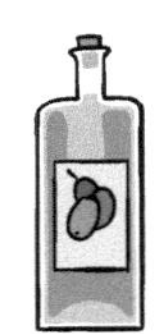

روغن خوراکی

غوړي

ادویه جات

مساله

سس کچاپ

کچ اپ

سس خردل

شړشم

سس مایونز

چکه

# سوپرمارکت

## لوی پلورنځی

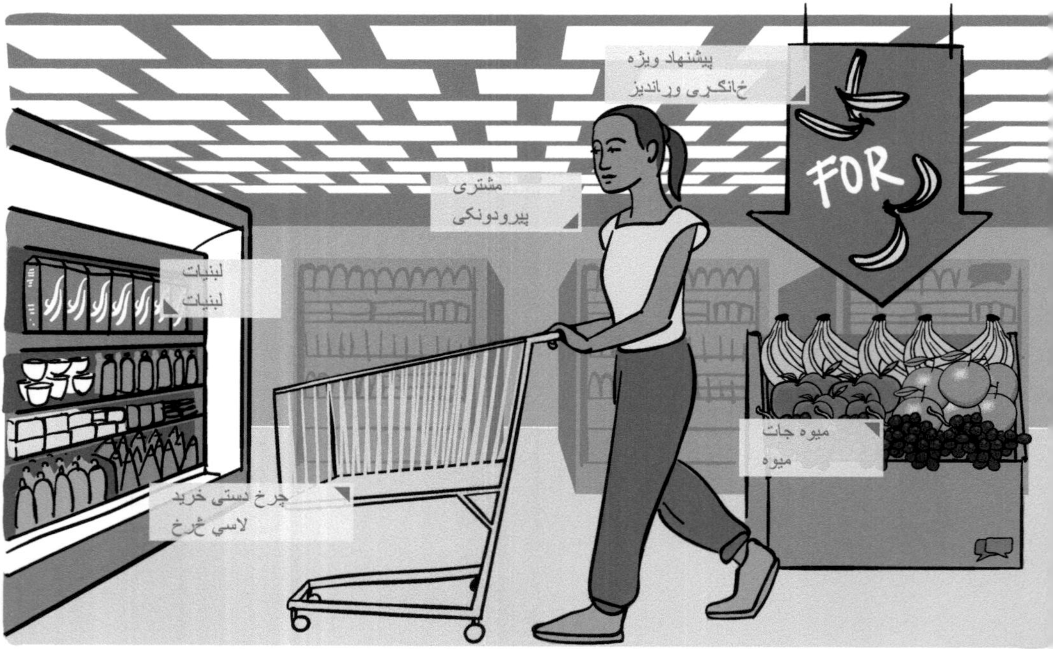

پیشنهاد ویژه
ځانګړی وړاندیز

مشتری
پیرودونکی

لبنیات
لبنیات

میوه جات
میوه

چرخ دستی خرید
لاسي څرخ

وزن کردن

وزن کول

نانوایی

نانوایی

قصابی

قصابي

غذای منجمد

کنګل خواړه

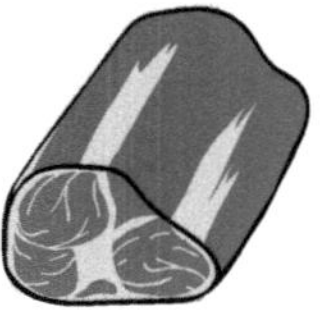

گوشت

غوښه

سبزیجات

سبزیجات

پودر لباسشویی
.................
د مینځلو پوډر

غذای کنسروی
.................
کنسروا خواړه

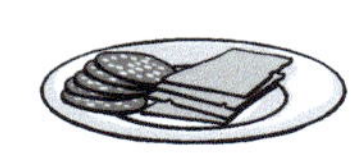

مخلوطی از انواع کالباس یا پنیر که ورقه ای بریده شده باشند
.................
یخه غوښه

ماده شوینده و پاک کننده
.................
د پاکولو محصولات

لوازم خانگی
.................
کورني تولیدات

شیرینی جات
.................
شیریني

صندوقدار
.................
صراف

صندوق پرداخت
.................
د نغدي راجستر

فروشنده
.................
د پلور فرد

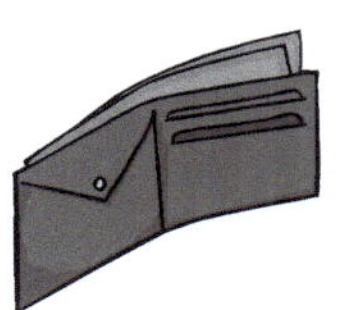

کیف پول
.................
بټوه

ساعات کار
.................
کاري ساعتونه

لیست خرید
.................
د پیرود لیست

کیسه ی پلاستیکی
.................
پلاستیک کڅوړه

کیف
.................
کڅوړه

کارت اعتباری
.................
کریډیټ کارت

# نوشیدنی ها

## څښاک

شیر

شیده

آبمیوه

جوس

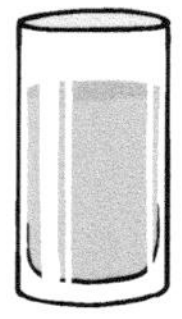

آب

اوبه

آبجو

بیر

شراب

واین

نوشابه کوکاکولا

کوک

چای

چای

کاکائو

ککاو

الکل

الکول

کاپوچینو

کپچینو

قهوه اسپرسو

اسپرسو

قهوه

کافي

# خواڕه

پرتقال

..................

نارنج

سیب

..................

منِه

موز

..................

کیله

هویج

..................

گـازره

لیمو

..................

لیمو

انواع هندوانه و خربزه

..................

هندوانِه

پیاز

..................

پیاز

نِی بامبو

..................

بانکس

سیر

..................

هوڕه

ماکارونی

..................

آش

آجیل

..................

چغزی

قارچ

..................

مرخیري

سالاد
..................
سلاد

برنج
..................
وريجي

اسپاگتی
..................
سپیګـټي

پیتزا
..................
پيزا

سیب زمینی سرخ شده
..................
سره کړي کچالو

سیب زمینی سرخ کرده
..................
چپس

شنیتسل
..................
کتره

ساندویچ
..................
ساندویچ

همبرگر
..................
همبرګـر

سوسیس
..................
ساسچ

سالامی
..................
سلمي

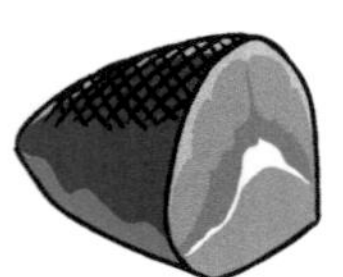

ژامبون خوک
..................
د پتون غوښه

ماهی
..................
کب

نوعی گوشت سرخ شده
..................
روسټ

مرغ
..................
چرګ

کورن‌فلکس

د جوار پلی

نوعی صبحانه مخلوطی از برگه ذرت و
میوه های خشک شده و خشکبار که
معمولا با شیر خورده می شود

موسلي

جوی پرک شده

د وربشي شيرني

نان بروتشن

د ډوډی رول

کرواسان

کروسانت

آرد

اوړه

بیسکویت

بسکیټ

نان تست

ټوسټ

نان

ډوډی

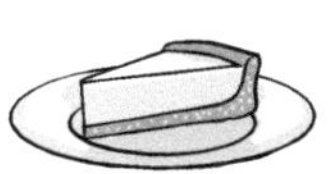

کیک

کیک

کشک

چکه

کره

کوچ

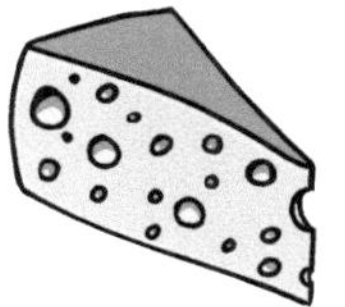

پنیر

پنیر

تخم مرغ نیمرو

پښې هګی

تخم مرغ

هګی

عسل

شهد

شکر

بوره

بستنی

آیس کریم

ادویه کاری

کورکمان

کرم شکلاتی بادامی

نوگـاټ کریم

مربا

مربا

# مزرعه

## کرونده

خانه ی مزرعه داران
د کروندي خونه

انبار غله
غوجل

خرمن گاه
د بوسو گیدی

مزرعه
ځمکه

اسب
اس

ماشین یدک کش
لاس ګاډی

تراکتور
ټریکټر

کره اسب
کوچنی اس

خر
خر

گوسفند
پسه

بره
وری

گوساله
خوسکی

گاو ماده
غوا

بز
وزه

گاو نر
غویی

بچه خوک
د خوک بچی

خوک
خوګ

جوجه
..................
چرگوړی

اردک
..................
هیلی

غاز
..................
بته

موش صحرایی
..................
سارای موږک

خروس
..................
بانگي

مرغ
..................
چرگه

گاو نر اخته
..................
غویی

موش
..................
موږک

گربه
..................
پیشک

شلنگ باغبانی
..................
د باغ هوز

لانه ی سگ
..................
د سپي خونه

سگ
..................
سپی

گاوآهن
..................
یوی

داس دسته بلند
..................
لور (داس)

آبپاش
..................
د اوبو لوخی

داس

لور

کج بیل

رمبی

چنگک باغبانی

ښاخی

تبر

تبر

فرقون

کراچی

آبشخور

ناوه

بطری نگهداری شیر

د شیدو لوخی

کیسه

جوال

حصار

کټاره

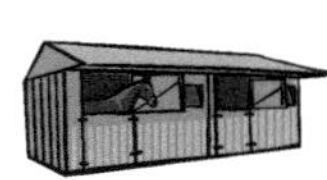

اصطبل

مضبوط

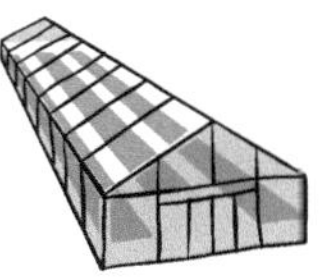

گلخانه

شنه خونه

خاک

خاوره

بذر

تخم

کود

سره/کود

ماشین کمباین

کډ ریبونکی ماشین

تمیس

خواږه کچالو

محصول

درمند

برداشت کردن محصول

زیرمه کول

سیب زمینی

کچالو

سویا

سویا

گندم

غنم

درخت میوه

د میوې ونه

کلزا

نباتي تخم

ذرت

جوار

غلات

غله

گیاه مانیوک

مانیوک

# خانه

## کور

دودکش
درځه

پشت بام
بام

ناودان
ناودان

پنجره
کړکۍ

گاراژ
ګراج

زنگ در
د دروازې زنګ

در
دروازه

سطل آشغال
اشغالدانی

صندوق مراسلات
د لیک بکس

باغ
باغ

آشپزخانه
..................
پخلنځی

حمام
..................
حمام

اتاق نشیمن
..................
د اوسیدو خونه

ناهارخوری
..................
د خوړو خونه

اتاق بچه
..................
د ماشوم خونه

اتاق خواب
..................
د ویده کیدو خونه

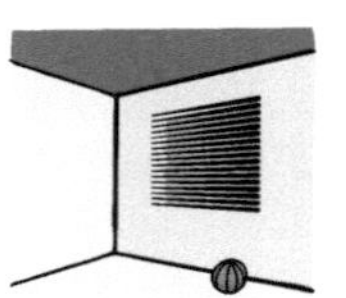

سقف

................

چت

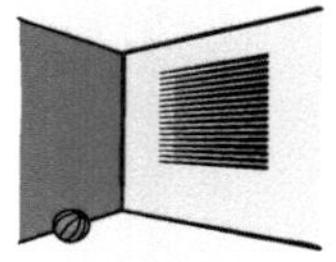

دیوار

................

دیوال

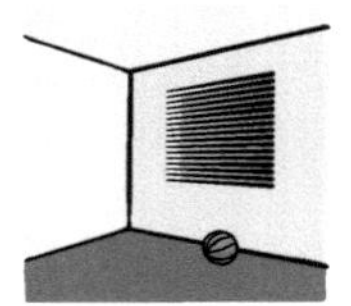

کف زمین

................

فرش

بالکن

................

بالکوني

سونا

................

سونا

زیرزمین

................

زیرخانه

ماشین چمن‌زنی

................

د چمن وهلو ماشین

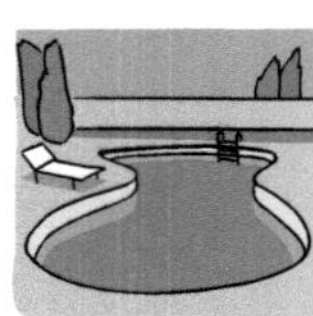

استخر

................

حوض

تراس

................

ټراس

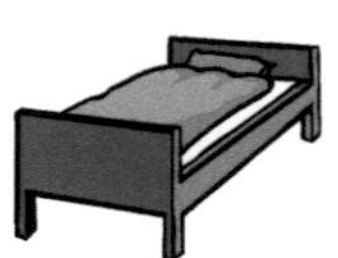

تخت خواب

................

تخت

روتختی

................

روجایی

ملافه

................

شیټ

سویچ یا کلید

................

سویچ

سطل

................

بوکه

جارو

................

جارو

# اتاق نشیمن

## د اوسیدو خونه

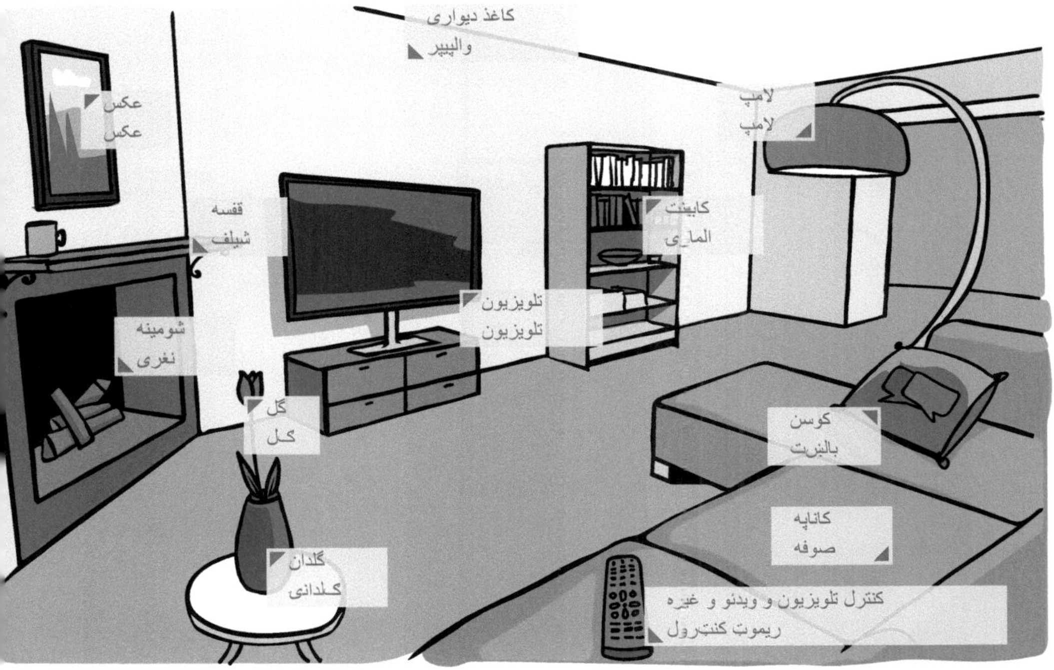

کاغذ دیواری
والپیپر

عکس
عکس

لامپ
لامپ

قفسه
شیلف

کابینت
الماری

تلویزیون
تلویزیون

شومینه
نغری

گل
گل

کوسن
بالښت

کاناپه
صوفه

گلدان
گلدانی

کنترل تلویزیون و ویدئو و غیره
ریموټ کنټرول

میز
میز

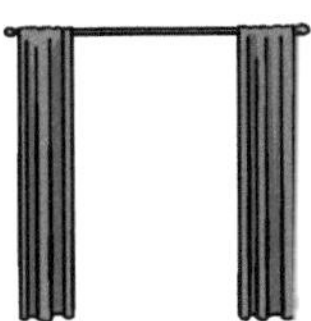

پرده
پرده

فرش
غالی

صندلی راحتی
بازو لرونکی چوکی

صندلی گهواره ایی
تاویدونکي چوکی

صندلی
چوکی

کتاب

کتاب

لحاف

کمپل

دکوراسیون

ډیکوریشن

هیزم

د اور لرګـي

فیلم

فلم

دستگاه ضبط صوت

هایـفای

کلید

کلي

روزنامه

ورځپاڼه

تابلو نقاشی

نقاشي

پوستر

پوسټـر

رادیو

راډیو

دفترچه یادداشت

کتابچه

جاروبرقی

واکیوم جارو

کاکتوس

کاکتوس

شمع

شمع

# آشپزخانه

## پخلنځی

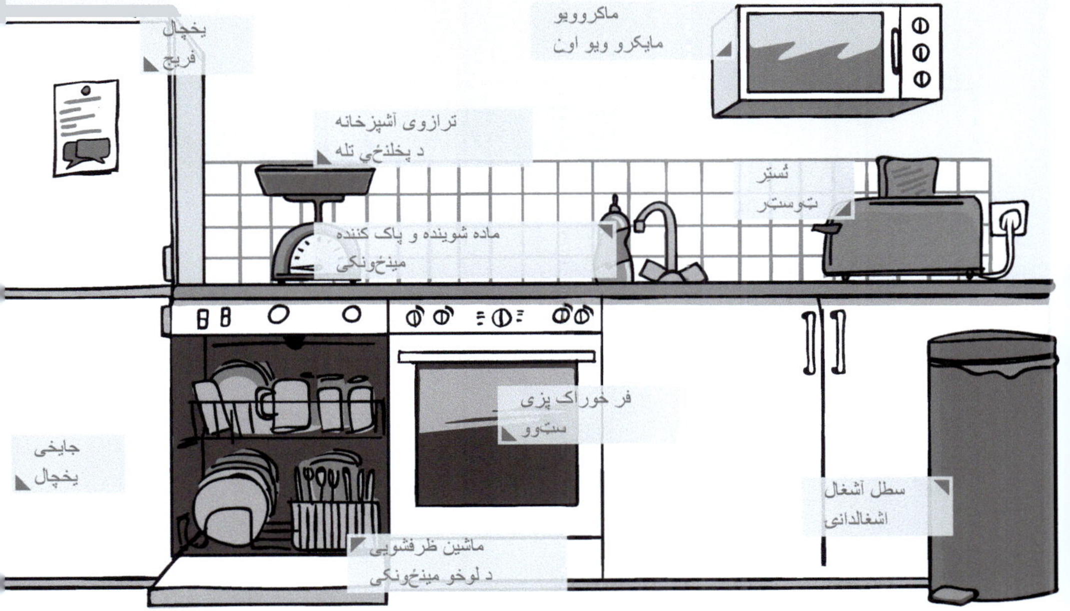

یخچال
فریج

ماکروویو
مایکرو ویو اوڼ

ترازوی آشپزخانه
د پخلنځي تله

تُستر
ټوسټر

ماده شوینده و پاک کننده
مینځونکی

فر خوراک پزی
سټوو

جایخی
یخچال

سطل آشغال
اشغالدانی

ماشین ظرفشویی
د لوخو مینځونکی

قابلمه چدنی

چدني لوخی

قابلمه

لوخی

اجاق گاز

دیگ بخار

کتری

چای جوش

ماهی تابه

د تلي په

ماهی تابه گود

ووک

ظرف چینی آشپزخانه

لوخي

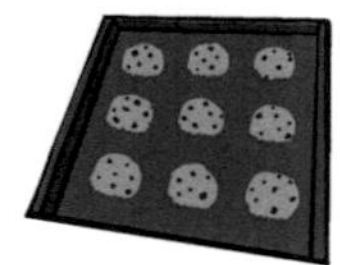

سینی فر

پتنوس

بخارپز

د بخار دیگ

چاپستیک

د رانیولو اوزار

کاسه

کاسه

لیوان

مګ

همزن

پاکونکی

کفگیر

کفګیر

ملاقه

څمڅی

رنده

ګریټر

آبکش

غلبیل

آبکش

صافي

محل مخصوص افروختن آتش

خلاص اور

باربیکیو

بار بي کیو

هاون

اونګ

در بطری بازکن

..................

کارک سکریو

وردنه

..................

هوارونکی

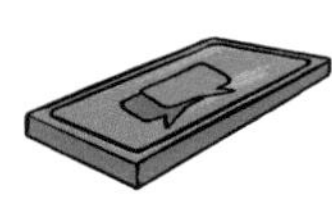

تخته گوشت و سبزی

..................

تخته

دستگیره پارچه ای

..................

د لوخي ټوټه

در قوطی بازکن

..................

د ټیم خلاصونکی

قوطی

..................

ټیم

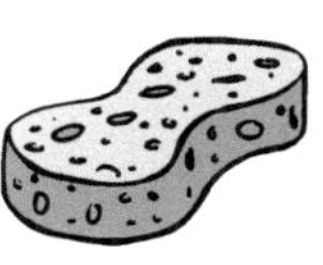

اسفنج

..................

سپنج

برس گردگیری

..................

برس

سینک ظرفشویی

..................

ظرف شوی

شیشه شیر بچه

..................

د ماشوم بوتل

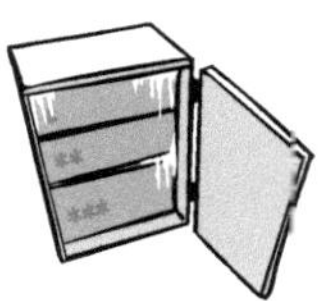

فریزر

..................

ژور یخچال

مخلوط کن

..................

بلینډر

شیر آب

..................

نل

# حمام

## حمام

بخاری
تودول

حوله
جان پاک

دوش
شاور

پرده ی حمام
د شاور پرده

حمام کف
بیل حمام

وان حمام
د حمام ټب

لیوان
گلاس

ماشین لباسشویی
د مینځلو مشین

شیر آب
نل

کاشی
ټايلونه

لگن دستشویی کودکان
یو دول کمود

سینک ظرفشویی
ظرف شوی

کاسه توالت
.............
کمود

توالت ایرانی
.............
فرشي کمود

توالت
.............
تشناب

فرچه توالت
.............
د تشناب برس

دستمال توالت
.............
تشناب کاغذ

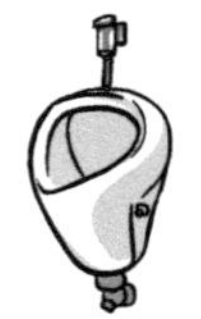

توالت مخصوص آقایان
.............
د متیازو ځای

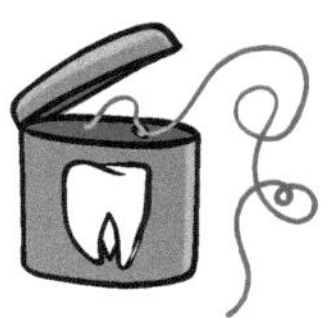

نخ دندان

د غاښونو نخ

خمیردندان

د غاښونو کریم

مسواک

د غاښونو برس

شلنگ توالت

دوش

دوش آب تلفنی

لاسي شاور

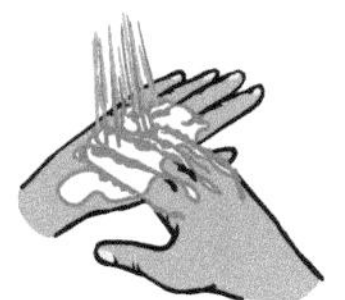

شستن

مینځل

صابون

صابون

برس شست و شوی پشت

د شا برس

لگن روشویی

خانک

لیف حمام

فلانل جامه

شامپو

شامپو

شامپو بدن

د شاور ژل

اسپری دئودورانت

سپری

کرم

کریم

راه آب

وچول

تیغ ریش تراشی
ریزر

آینه ی کوچک دستی
لاسي آینه

آینه
آینه

شانه ی سر
ګمنځ

افترشیو
د خریلو وروسته

کف ریش تراشی
د خریلو فوم

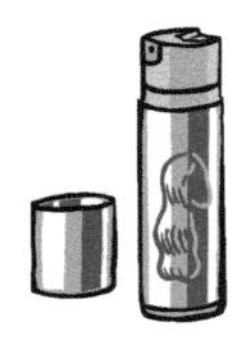
اسپری مو
د ویښتانو سپری

سشوار
د ویښتانو وچونکی

برس
برس

لاک ناخن
د نوکانو پالش

رژلب
لیپ سټیک

آرایش
میک اپ

عطر
عطر

قیچی ناخن
ناخن ګیر

پنبه
کاټن وړی

ترازو

...................

د وزن کولو تله

چهارپایه

...................

سټول

کیف لوازم آرایشی و بهداشتی

...................

د مېنځلو کڅوړه

تامپون

...................

ټامپون

دستکش ظرفشویی

...................

د ربړ دستکش

حوله ی پالتویی

...................

د حمام پوښاک

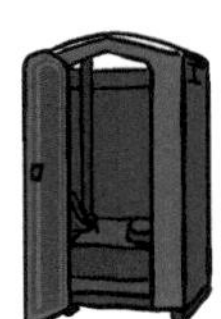

توالت سیار

...................

کیمیکل تشناب

نوار بهداشتی

...................

صحیی جان پاک

# اتاق بچه

## د ماشوم خونه

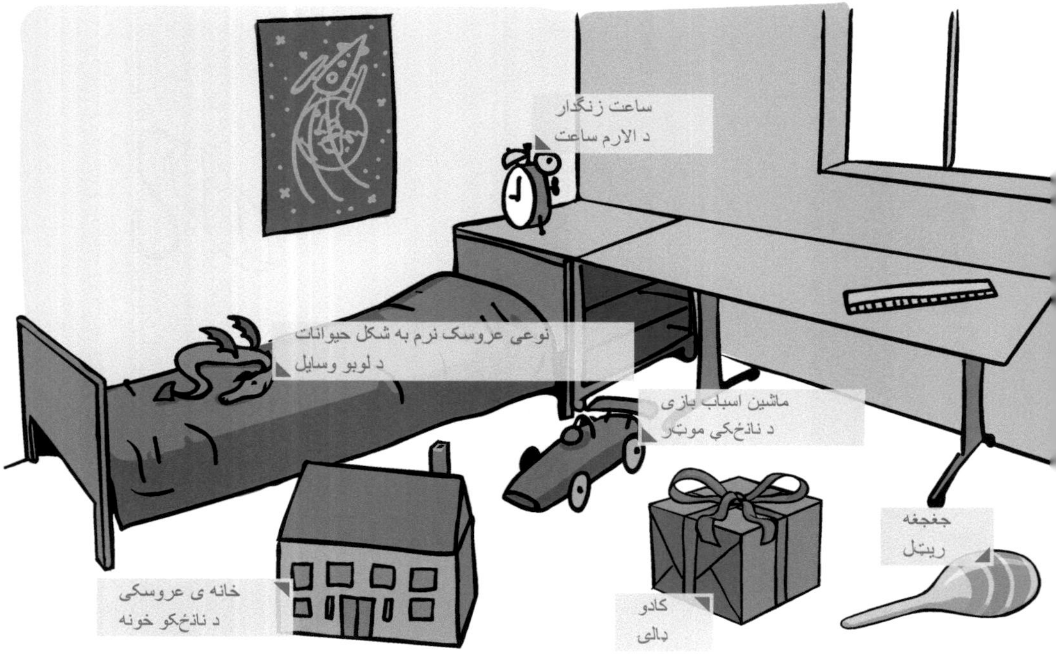

ساعت زنگدار
د الارم ساعت

نوعی عروسک نرم به شکل حیوانات
د لوبو وسایل

ماشین اسباب بازی
د ناڅکي موټر

جغجغه
ریټل

خانه ی عروسکی
د ناڅکو خونه

کادو
ډالۍ

کالسکه بچه
..................
کالسکه

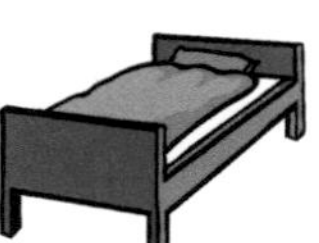

تخت خواب
..................
تخت

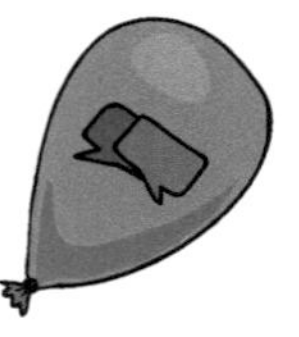

بادکنک
..................
بالون

داستان مصور
..................
مسخره

پازل
..................
جیکسا

بازی ورق
..................
د لوبو ورقي

عروسک شخصیت های فیلم و کارتون

د اکشن فیګور

خانه سازی

د نانځکو بلاک

اسباب بازی لگو

لیګو بریک

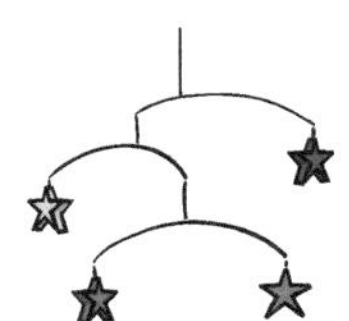

نوعی اسباب بازی که روی تخت نوزاد
یا کودک نصب می شود

موبایل

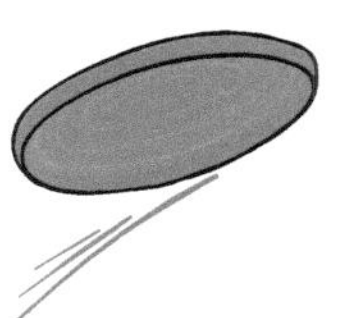

فریزبی

فریزبي

لباس نوزاد

د ماشوم پوښاک

قطار اسباب بازی

ماډل ریل سیټ

تاس

تاس

بازی روی صفحه

بورډ لوبه

کتاب مصور

د عکسونو البوم

مهمانی

پارټي

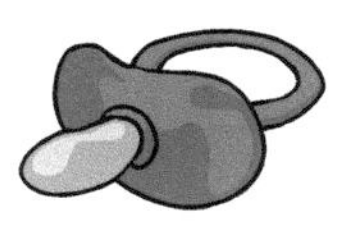

پستانک

ګونګشی

بازی کردن

لوبیدل

عروسک

نانځکه

توپ

بال

اسباب بازی
..................
نانځکي

تاب
..................
سوینگ

جعبه شنی مخصوص بازی کودکان
..................
د شگو کنده

خرس عروسکی
..................
گوډکه

سه چرخه
..................
ټرای سایکل

کنسول بازی های کامپیوتری
..................
د ویډیو لوبو کنسول

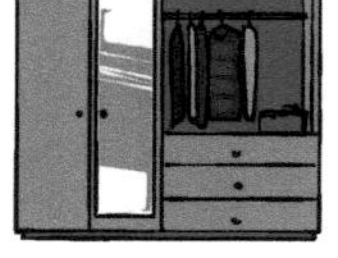

کمد لباس
..................
د کالو الماری

## لباس

## پوښاک

جوراب شلواری
..................
ټایټس

جوراب زنانه ساق بلند
..................
لوړي جرابي

جوراب
..................
جرابي

صندل
سینډل

کفش
بوټان

چکمه پلاستیکی
د ربړ بوټان

شرت
زیرنیکري

سوتین
سینه بند

جلیقه
واسکټ

جین

................

جینز

شلوار

................

پتلون

بادی

................

باډي

پیراهن

................

شرټ

بلوز

................

بلاوز

دامن

................

لمن

نوعی کت

................

بلیزر

سویی شرت

................

سویټر

پولیور

................

بنیان

بارانی

................

د باران کوټ

کت بلند

................

کوټ

ژاکت

................

جاکټ

لباس عروس

................

د واده پوښاک

لباس

................

کالي

لباس نمایش

................

پوښاک

پیژامه

پاجامه

لباس خواب زنانه

د شپې پوښاک

کت و شلوار

دريشي

عمامه

پټکی

روسری

لوپټه

ساری

ساړي

عبا

عبا

قبا

کفتن

برقع

برقه

شلوارک

شارټ

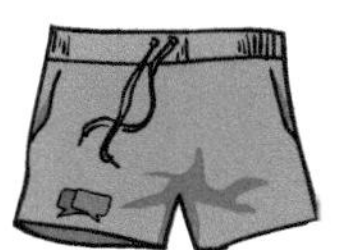

شرت شنا

نیکر

لباس شنا

د لامبو پوښاک

دستکش

دستکش

پیشبند

پیش بند

لباس ورزشی

د ځغاستې پوښاک

دستبند

لاس بند

عینک

عینک

دکمه

بټن

گوشواره

غوږوالۍ

انگشتر

ګوتمه

گردنبند

غاړه کۍ

کلاه

خولۍ

چوب لباسی

کوټ بند

کلاه لبه دار

خولۍ

کلاه ایمنی

هیلمټ

زیپ

ځنځیر

کراوات

ټایی

لباس فرم

یونیفارم

لباس مدرسه

د ښوونځي یونیفارم

بند شلوار

تړونکی

پیش بند بچه

بیب

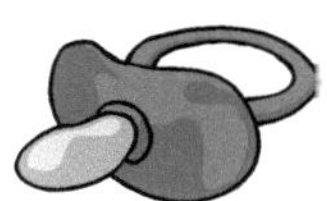

پستانک

گـونـکـشی

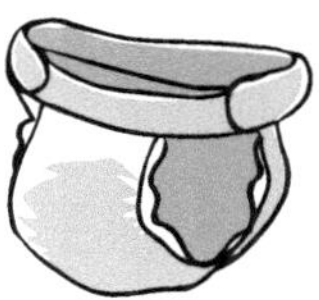

پوشک بچه

نیپي

# اداره

## دفتر

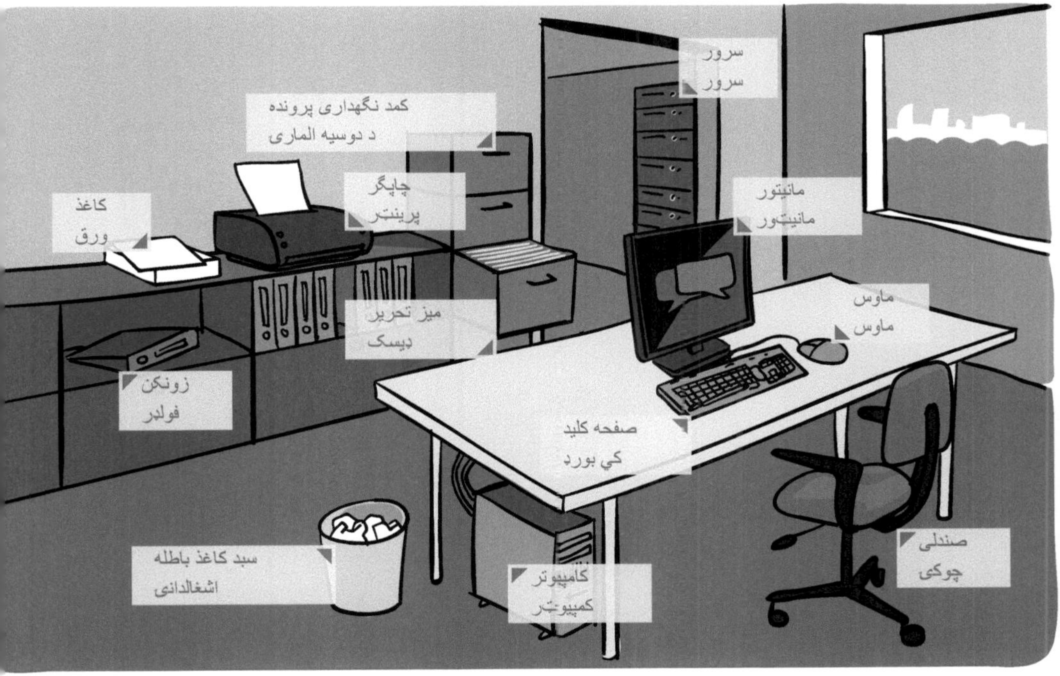

سرور
سرور

کمد نگهداری پرونده
د دوسیه الماری

چاپگر
پرینټر

کاغذ
ورق

مانیتور
مانیټور

ماوس
ماوس

میز تحریر
ډیسک

زونکن
فولډر

صفحه کلید
کي بورډ

سبد کاغذ باطله
اشغالدانی

کامپیوتر
کمپیوټر

صندلی
چوکی

لیوان قهوه

د کافي پیاله

ماشین حساب

کالکولیټر

اینترنت

انټرنیټ

پیغام

................

پیغام

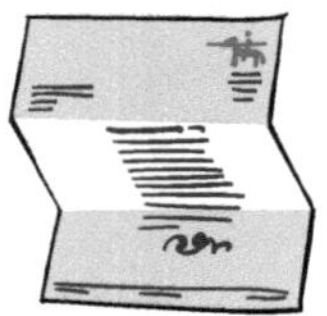

نامه

................

لیک

لپ تاپ

................

لپ ټاپ

دستگاه فتوکپی

................

فوټوکاپیر

شبکه ی ارتباطی

................

نیټورک

تلفن همراه

................

موبایل

پریز

................

پلک ساکټ

تلفن

................

تلیفون

نرم افزار

................

سافټویر

مدرک

................

سند

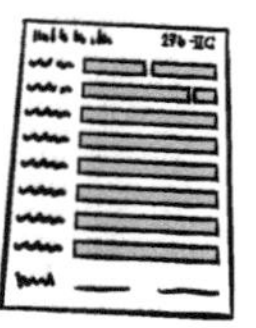

فرم

................

فارم

دستگاه فاکس

................

فکس مشین

# اقتصاد

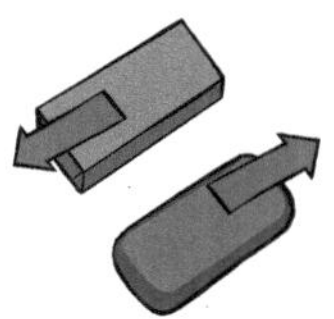

تجارت کردن
..................
سوداگـري کول

پرداخت کردن
..................
تادیه کول

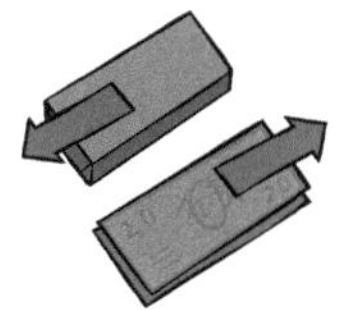

خریدن
..................
پیرل

یورو
..................
یورو

دلار
..................
ډالر

پول
..................
پیسې

فرانک سوئیس
..................
سویسي فرانک

روبل
..................
ربل

ین
..................
ین

دستگاه خودپرداز
..................
د نغدي پیسو ځای

روپیه
..................
روپۍ

یوان رنمینبی
..................
رینمینبي یوان

صرافی

................

د اسعارو د تبادلي دفتر

طلا

................

سره زر

نقره

................

سپین زر

نفت

................

تیل

انرژی

................

انرژي

قیمت

................

نرخ

قرارداد

................

قرارداد

مالیات

................

مالیه

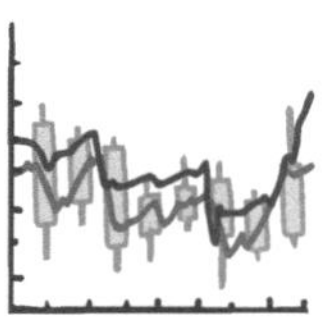

سهام سرمایه

................

اسهام

کار کردن

................

کار کول

کارمند

................

کارمند

کارفرما

................

کار ګومارونکی

کارخانه

................

فابریکه

مغازه

................

پلورنځی

# مشاغل
# مسلکونه

آتش نشان
د اطفایه غړی

مامور پلیس
د پولیسو افسر

آشپز
آشپز

دکتر
ډاکټر

خلبان
پیلوټ

خیاط زنانه

خیاط

نجار

نجار

باغبان

باغوان

بازیگر

د فلم لوبغاړی

شیمیدان

کیمیا پوه

قاضی

قاضي

ماهیگیر

کب نیونکی

راننده تاکسی

د ټېکسي ډرایور

راننده اتوبوس

د بس ډرایور

پیشخدمت رستوران

پېشخدمت

سقف ساز

بام جوړونکی

نظافتچی زن

خدمه

نانوا

نانوا

نقاش

نقاش

شکارچی

ښکاري

مهندس

انجنیر

کارگر ساختمانی

تعمیر جوړونکی

برقکار

د برښنا کارکونکی

پستچی

پوست رسونکی

لوله کش

نلدوان

قصاب

قصاب

صندوقدار

صراف

معمار

مهندس

سرباز

سرتیری

مامور کنترل بلیط در قطار

کلینډر

آرایشگر

نایی

گل فروش

مالیار

دندانپزشک

د غاښونو ډاکټر

ناخدا

کپتان

مکانیک

میکانیک

امام

امام

عالم یهودی

ښاغلی

دانشمند

ساینس پوه

کشیش

پادري

راهب

مذهبي نفر

# ابزارآلات

## لوازم

چکش
څټکی

انبردست
پلاس

پیچ گوشتی
پیچکش

آچار
رینچ

چراغ قوه
څراغ

نردبان

زینه

جعبه ابزار

د لوازمو بکس

بیل مکانیکی

کنستونکی

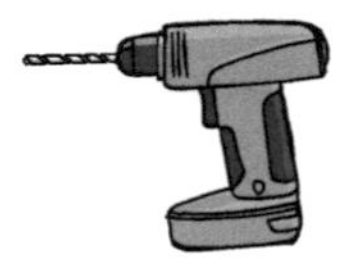

مته

برمه

میخ

میخونه

ارّه

اره

لعنتی!

لعنت!

بیل

بیل

تعمیر کردن

ترمیم کول

پیچ

پیچونه

سطل رنگرزی

مشوانۍ

خاک انداز

خاک انداز

## آلات موسیقی

## د میوزیک آلات

بلندگو
لاوډ سپیکر

درامز
ډرم سیټ

گیتار
ګیتار

ترومپت
ټرومپيټ

کنترباس
کنټرباس

گیتار بیس
...............
باس

ویولن
...............
وایلن

پیانو
...............
پیانو

کیبورد الکتریک
...............
کي بورډ

طبل
...............
ډرمونه

تیمپانی
...............
نغاره

میکروفون
...............
مایکروفون

فلوت
...............
شپیلۍ

ساکسیفون
...............
سیکسافون

# باغ وحش
# ژوبڼ

ورودی
ننوتو لاره

ببر
پړانګ

قفس
پنجره

گورخر
ګوره خر

خوراک حیوانات
د ژویو خواړه

خرس پاندا
پاندا

کانگورو

کنګرو

فیل

هاتي

حیوانات

ژوی

خرس

ایږه

گوریل

ګوریلا

کرگدن

د اوبو اسپ

شیر

زمری

شترمرغ

شترمرغ

شتر

اوښ

طوطی

طوطي

فلامینگو

غزی

میمون

بیزو

کوسه

شارک

پنگوئن

پینګـوین

خرس قطبی

قطبي ایږه

تمساح

تمساح

مار

مار

طاووس

طاوس

پلنگ امریکایی

جګـوار

خوک آبی

سیل

نگهبان باغ وحش

ژوبڼ ساتونکی

اسب آبی

هیپو

پلنگ

پړانګ

اسب کوچک

یابو

گراز

نرخوګ

عقاب

باز

زرافه

زرافه

شیرماهی

سمندري نولی

لاک پشت

شمشتی

ماهی

کب

غزال

هوسی

روباه

ګیدړه

# ورزش ها

## ورزش

فوتبال آمریکایی
امریکایی فټبال
دوچرخه سواری
سایکل ځغلول
تنیس
ټینیس
بسکتبال
باسکیټبال
شنا
لامبو
هاکی روی یخ
د کنګل هاکي
بوکس
باکسینګ
فوتبال
فټبال
بدمینتون
کسیزه
دوومیدانی
د ځغاستي لوبې
هندبال
د هندبال
اسکی
سکي
پولو
پولو

# فعالیت ها

## فعالیتونه

خندیدن
خندل

پریدن
ټوپ وهل

بغل کردن
غاړه ورکول

راه رفتن
ګرځیدل

آواز خواندن
سندرې ویل

رؤیا دیدن
خوب لیدل

دعا کردن
عبادت کول

بوسیدن
مچو کول

نشان دادن

بښودل

رسم کردن

کښل

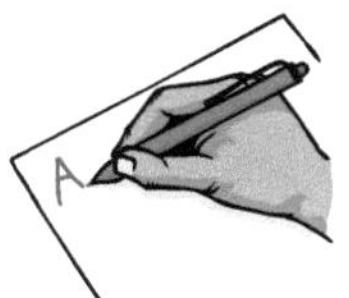

نوشتن

لیکل

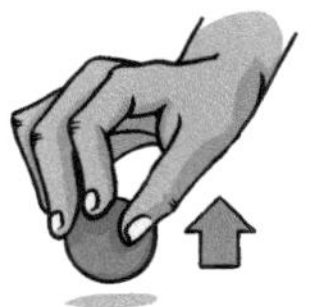

برداشتن

اخیستل

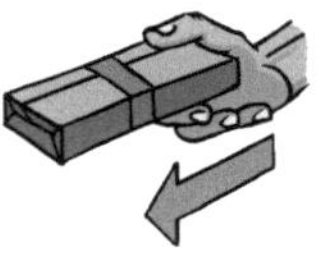

دادن

ورکول

هل دادن

ټیله کول

بودن

پاییدل

انجام دادن

کول

داشتن

درلودل

کشیدن

راکښل

دویدن

منډې وهل

ایستادن

ودریدل

دراز کشیدن

ځملاستل

افتادن

لویدل

پرتاب کردن

گوزارل

نشستن

کښیناستل

حمل کردن

ورل

منتظر بودن

انتظار کول

بیدار شدن

پاڅیدل

خوابیدن

ویده کیدل

لباس پوشیدن

پوښاک اغوستل

نوازش کردن

برید کول

گریه کردن

ژړل

تماشا کردن

کتل

فهمیدن

پوهیدل

حرف زدن

خبري کول

شانه کردن

ګمنځ کول

آشامیدن

څښل

شنیدن

اوریدل

پرسیدن

غوښتل

عاشق بودن

مینه کول

مرتب کردن

پاکول

خوردن

خوړل

پرواز کردن

الوتل

رانندگی کردن

موټر چلول

پختن

پخلی کول

خواندن

................

لوستل

محاسبه کردن

................

حساب

قایقرانی کردن

................

بیړی چلول

ازدواج کردن

................

واده کول

کار کردن

................

کار کول

یاد گرفتن

................

زده کول

کشتن

................

وژل

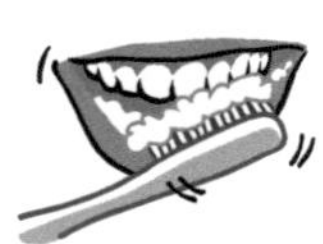

مسواک زدن

................

د غاښونو برس کول

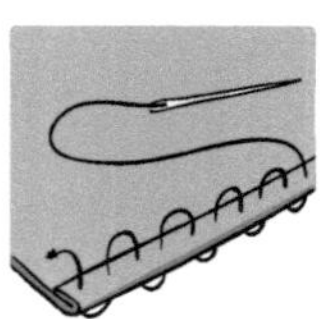

دوختن

................

ګنډل

فرستادن

................

لیږل

سیگار کشیدن

................

سګرټ څښل

# خانواده

## کورنۍ

مادربزرگ
نیا

پدربزرگ
نیکه

پدر
پلار

مادر
مور

کودک
ماشوم

فرزند دختر
لور

فرزند پسر
زوی

دایی، عمو

کاکا/ماما

خاله، عمه

ترور

مهمان

میلمه

خواهر

خور

برادر

ورور

# بدن

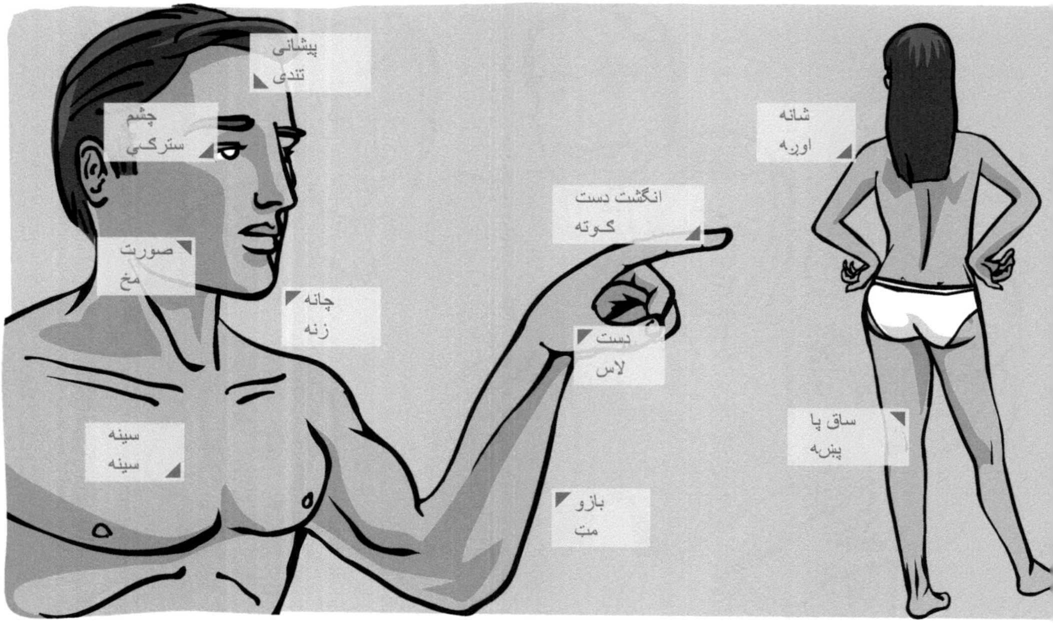

پیشانی
تندی

چشم
سترگې

صورت
مخ

چانه
زنه

سینه
سینه

انگشت دست
گوته

دست
لاس

بازو
مټ

شانه
اوږه

ساق پا
پښه

کودک
ماشوم

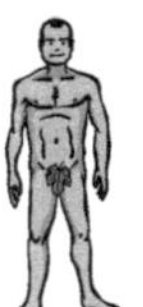

مرد
سړی

زن
ښځه

دختربچه
انجلۍ

پسربچه
هلک

کله
سر

کمر

شا

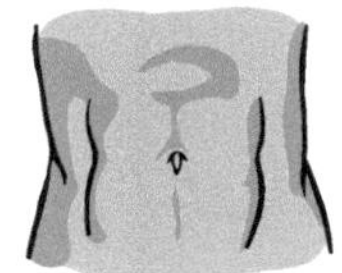

شکم

خیټه

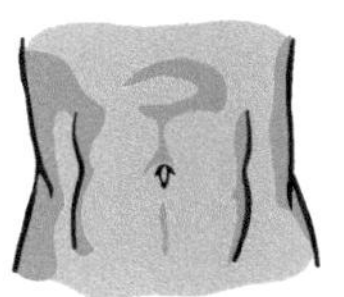

ناف

نوم

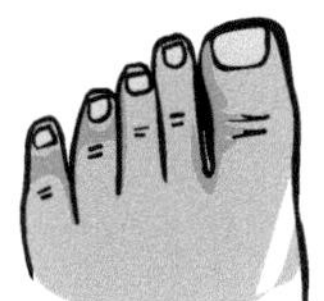

انگشت پا

د پښې گوته

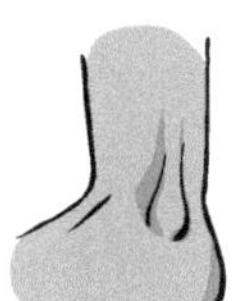

پاشنه

پونده

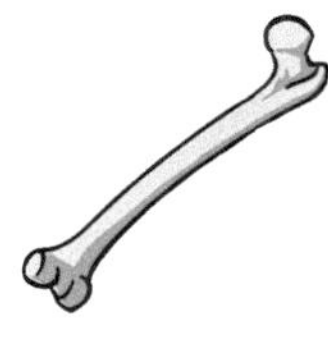

استخوان

هډوکی

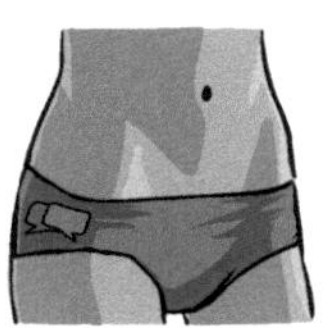

لگن

کوناټی

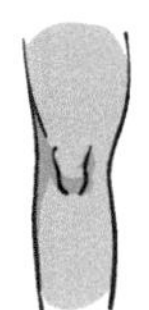

زانو

زنگون

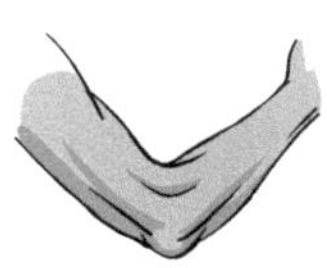

آرنج

څنګل

بینی

پوزه

نشیمنگاه

لاندې برخه

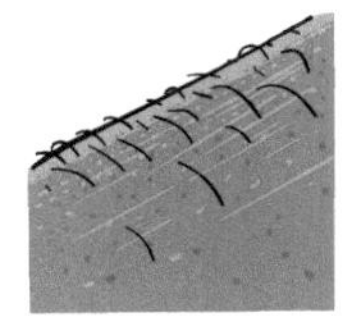

پوست

پوټکی

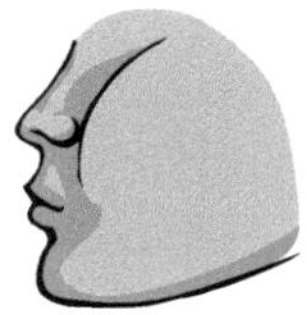

گونه

غومبوری

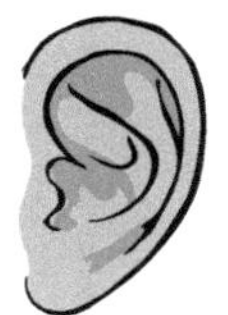

گوش

غوږ

لب

شونډه

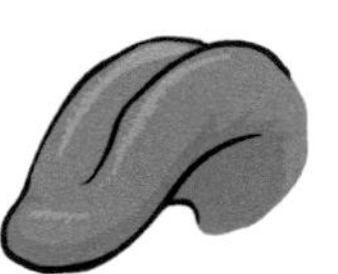

زبان

ژبه

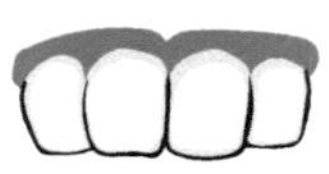

دندان

غاښ

دهان

خوله

عضله

عضله

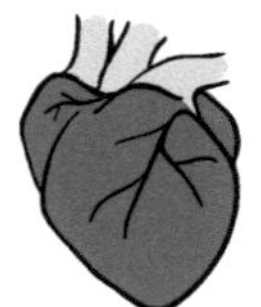

قلب

زړه

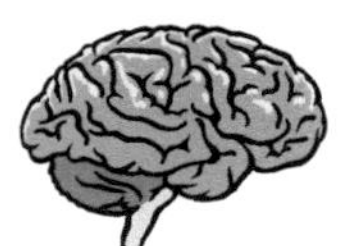

مغز

مغز

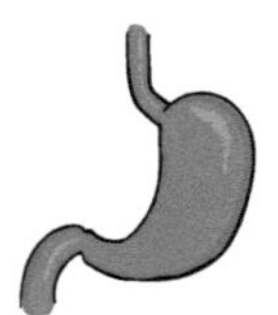

معده

معده

کبد

ځيګر

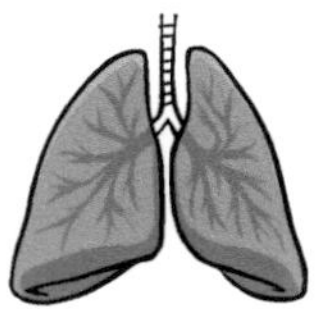

ریه

سږی

کاندوم

کانډوم

آمیزش جنسی

جنسي نږدي والی

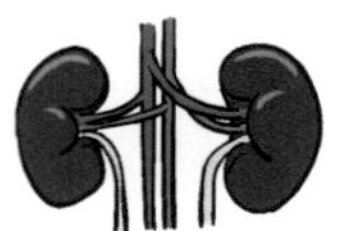

کلیه

پښتورګي

حاملگی

حمل

اسپرم

مني

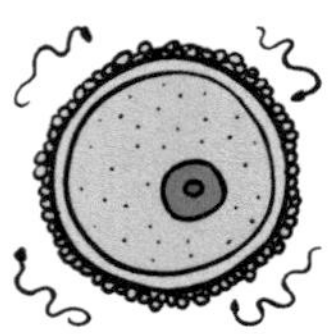

تخمک

تخمه

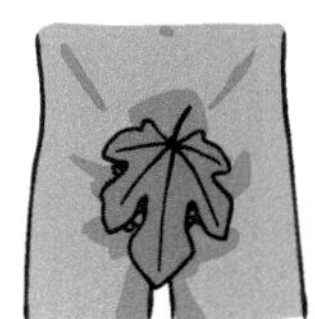

آلت تناسلی مرد

..................

د نارينه تناسلي آله

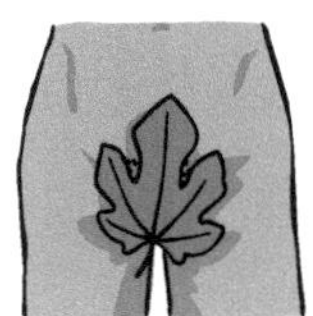

واژن

..................

مهبل

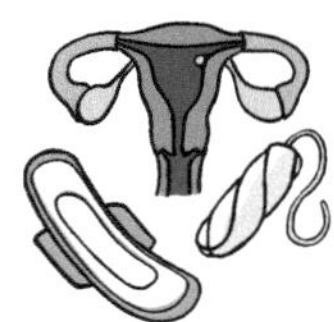

پریود

..................

حیض

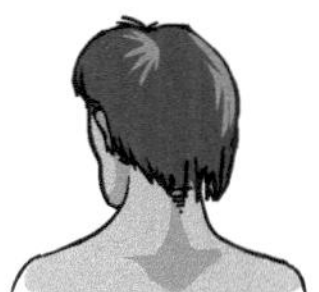

گردن

..................

غاړه

مو

..................

ويښته

ابرو

..................

وروځې

# بیمارستان
## روغتون

بیمارستان
روغتون

آمبولانس
امبولانس

صندلی چرخ دار
ویل چیر

شکستگی
کسر

پرستار

رنځورپال

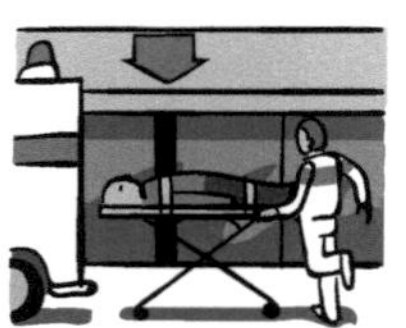

بخش اورژانس

عاجل خونه

دکتر

ډاکټر

درد

درد

بی هوش

بې هوش

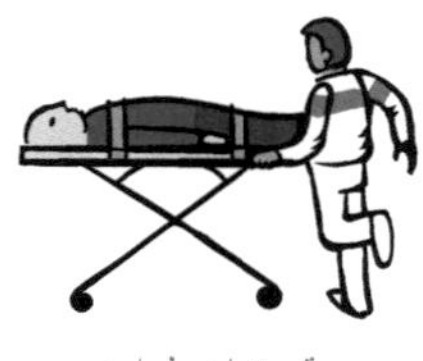

موقعیت اضطراری

عاجل

سکته قلبی

د زړه حمله

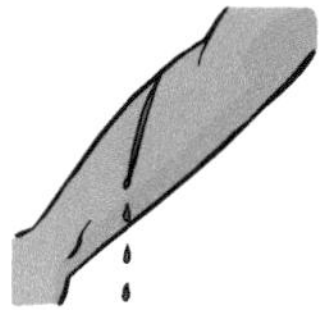

خونریزی

وینه تویدل

مصدومیت

ټپ

سرفه

ټوخی

آلرژی

حساسیت

سکته مغزی

ضرب

اسهال

نس ناستی

آنفولانزا

انفلوینزا

تب

تبه

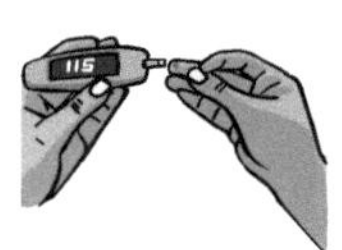


دیابت

شکر

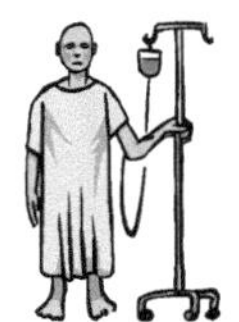

سرطان

سرطان

سردرد

سر درد

عمل جراحی

عملیات

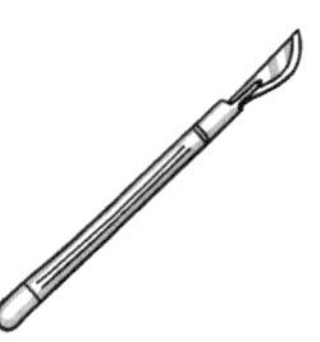

چاقوی جراحی

سکالپل

جراح

جراح

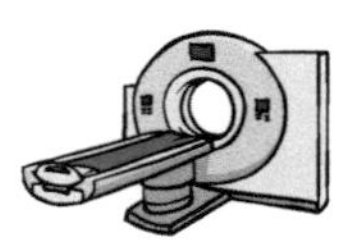

سی تی اسکن
................
سي.ټي

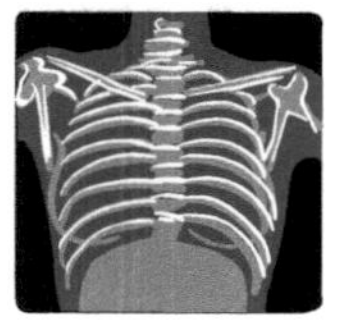

پرتونگاری
................
ایکس ری

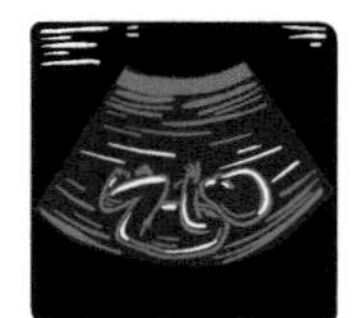

سونوگرافی
................
الټراساونډ

ماسک صورت
................
د مخ ماسک

بیماری
................
ناروغي

اتاق انتظار
................
انتظار خونه

چوب زیر بغل
................
امسآ

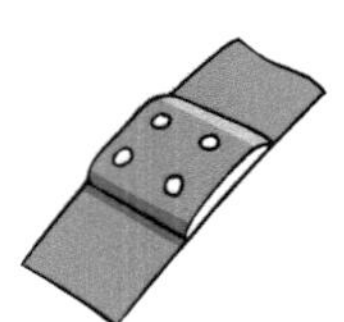

چسب زخم
................
پلستر

پانسمان
................
بنداژ

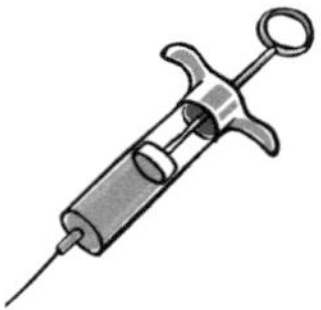

تزریق
................
تزریق

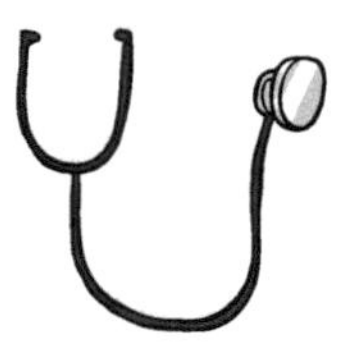

گوشی طبی
................
ستاتسکوپ

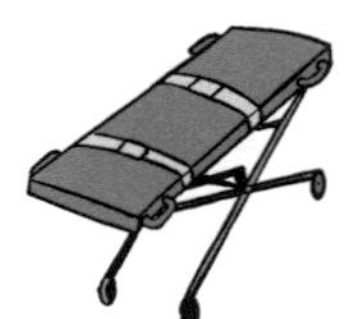

برانکار
................
تسکیره

دماسنج
................
کلینکي ترمامیټر

زایش
................
زیږون

اضافه وزن
................
زیات وزن

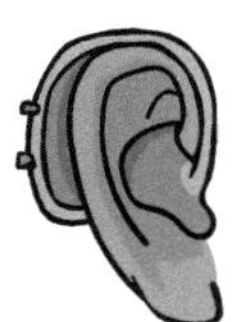

سمعک

................

د اوریدو مرسته

ماده ضد غفونی کننده

................

د عفونیت څخه پاکونکي مواد

عفونت

................

عفونیت

ویروس

................

ویروس

اچ آی وی / ایدز

................

ایچ.آی.وي/ایدز

دارو

................

درمل

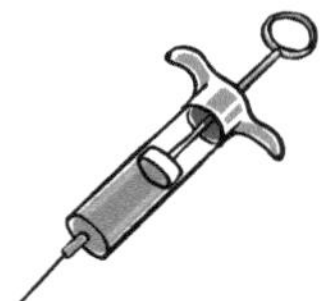

واکسیناسیون

................

واکسین

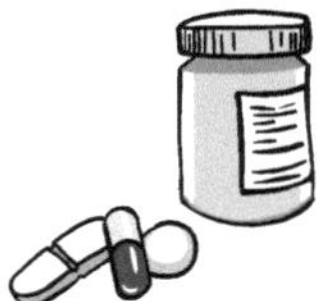

قرص

................

ټابلیټس

قرص ضد حاملگی

................

ګولۍ

تماس اظطراری

................

عاجل تلیفون

دستگاه اندازه گیری فشارخون

................

د ویني د فشار څارونکی

مریض / سالم

................

ناروغ/روغ

# موقعیت اضطراری

## عاجل

حمله

..................

یرغل

آژیر خطر

..................

الارم

کمک!

..................

مرسته!

خروج اظطراری

..................

عاجل لاره

خطر

..................

خطر

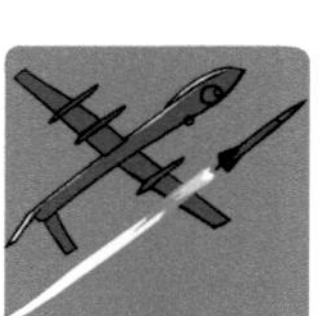

حمله ی فیزیکی

..................

برید

تصادف

..................

پیښه

کپسول آتش‌نشانی

..................

د اور وژونکی

آتش

..................

اور!

پلیس

..................

پولیس

درخواست کمک

..................

ایس.او.ایس

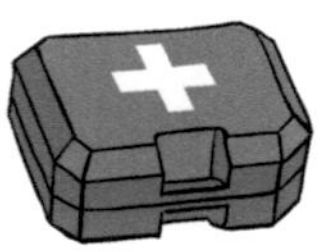

جعبه کمک های اولیه

..................

د لومړی مرستې لوازم

## ځمکه

آمریکای جنوبی
................
سهيلي امريکا

آمریکای شمالی
................
شمالي امريکا

اروپا
................
اروپا

استرالیا
................
آسټريليا

آسیا
................
آسيا

آفریقا
................
افريقا

اقیانوس هند
................
د هند بحر

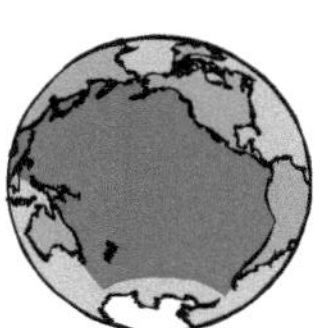

اقیانوس آرام
................
پاسيفيک

اقیا نوس اطلس
................
اتلانتيک

قطب شمال
................
شمالي قطب

اقیانوس منجمد شمالی
................
د شمال قطب بحر

اقیا نوس اطلس جنوبی
................
جنوبي منجمد بحر

کره زمین

ځمکه

قاره قطب جنوب

انټارکټیکا

قطب جنوب

سهيلي قطب

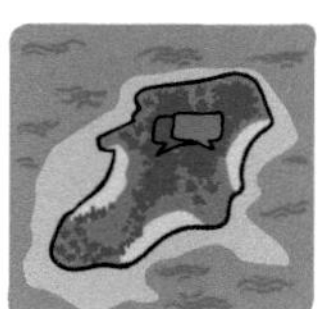

جزیره

ټاپو

دریا

بحر

سرزمین

ځمکه

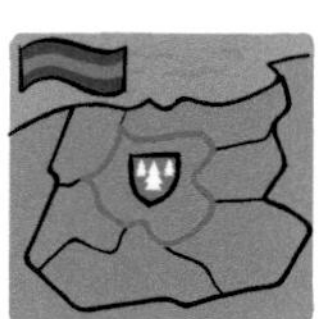

کشور

دولت

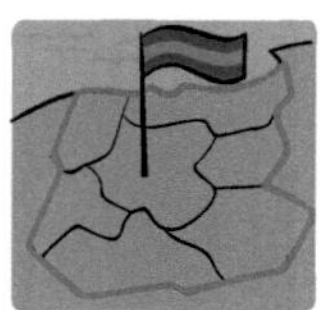

ملت

ملت

ساعت

دقیقه شمار

.................

د دقیقي ستنه

ساعت شمار

.................

د ساعت ستنه

صفحه ی ساعت

.................

د مخي ساعت

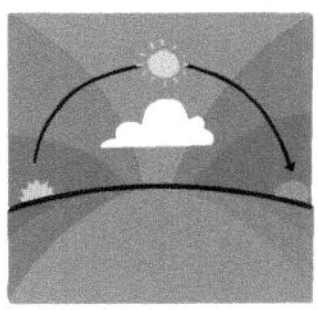

روز

.................

ورځ

ساعت چند است؟

.................

څه وخت دی؟

ثانیه شمار

.................

د ثانیی ستنه

ساعت دیجیتال

.................

دیجیټل ساعت

اکنون

.................

اوس

زمان

.................

وخت

ساعت

.................

ساعت

دقیقه

.................

دقیقه

# هفته

## اونۍ

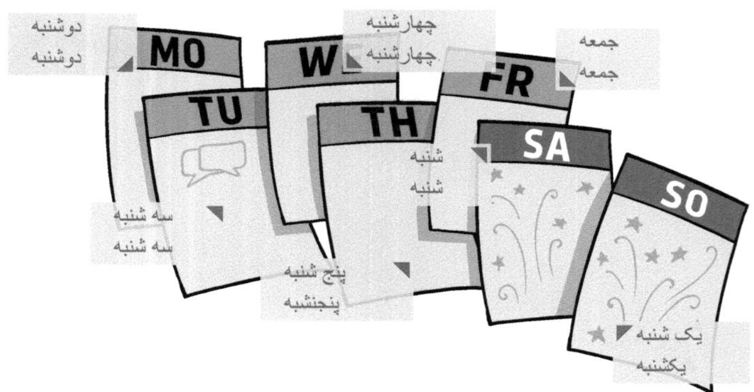

دیروز

پرون

امروز

نن

فردا

سبا

صبح

سهار

ظهر

غرمه

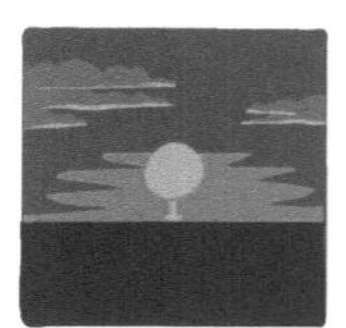

غروب

ماښام

روزهای کاری

کاري ورځې

آخر هفته

د اونۍ پای

# سال

# کال

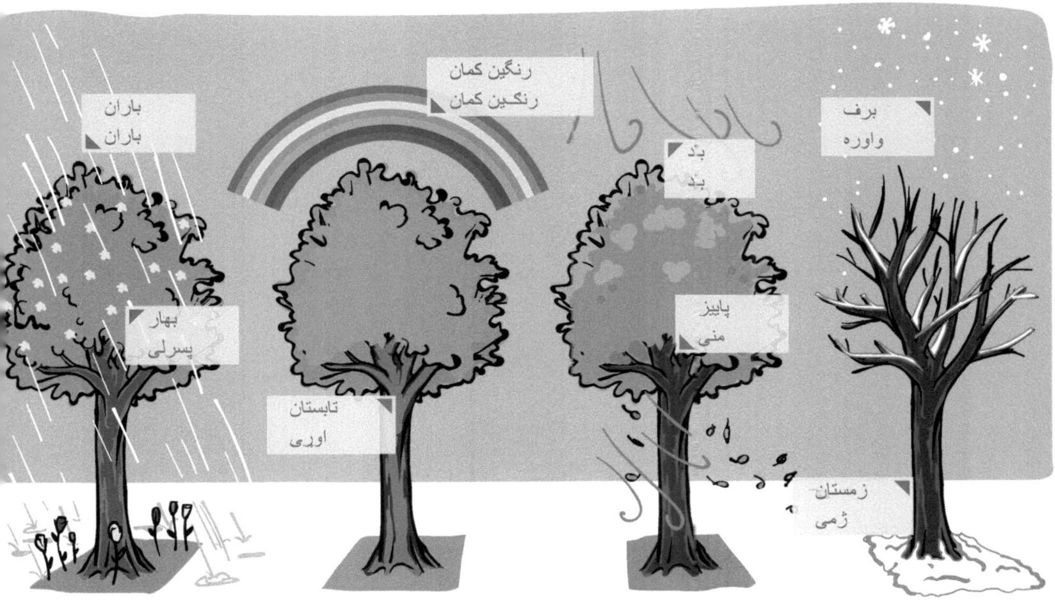

باران
باران

رنگین کمان
رنګین کمان

باد
باد

برف
واوره

بهار
پسرلی

تابستان
اوړی

پاییز
منی

زمستان
ژمی

تابش آفتاب
د لمر وړانګې

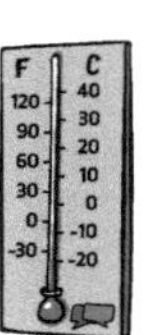


دماسنج
ترمومیټر

پیش‌بینی اوضاع جوی
د موسم وړاندوینه

رطوبت هوا
رطوبت

مِه
لړه

ابر
وریځ

طوفان

توفان

آسمان غره

تندر

صاعقه

رڼا

سیل

سیلاب

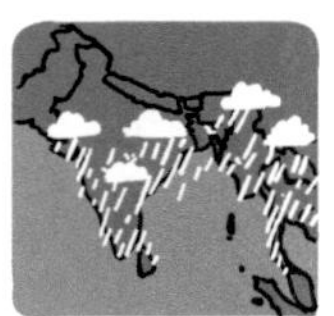

باد موسمی

مون سون باران

تگرگ

ږلی وریدل

فوریه

فبروري

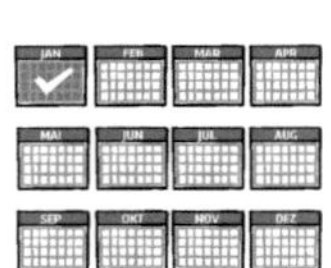

ژانویه

جنوري

یخ

یخ

مه

می

آوریل

اپریل

مارس

مارچ

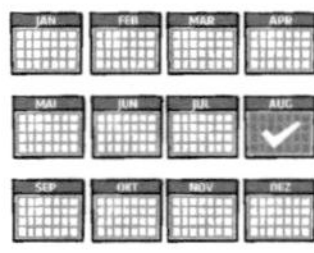

آگوست

اگست

ژوئیه

جولای

ژوئن

جون

نوامبر

نومبر

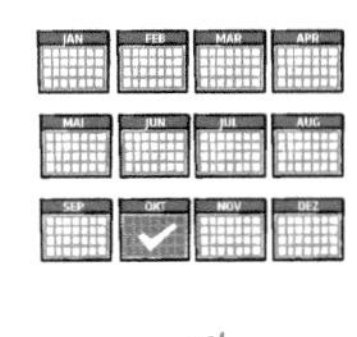

أکتبر

اکتوبر

سپتامبر

سپتمبر

دسامبر

دسمبر

# آشکال

# شکلونه

مستطیل

مستطیل

مربع

مربع

دایره

دایره

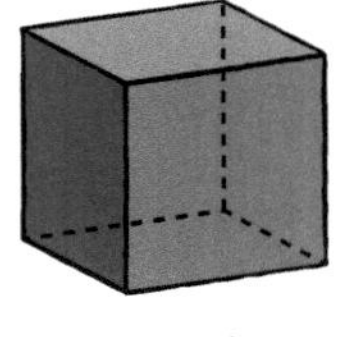

مکعب مربع

فال

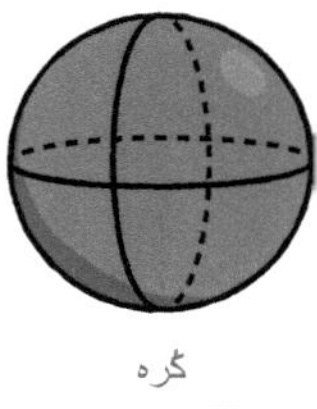

گره

توپ

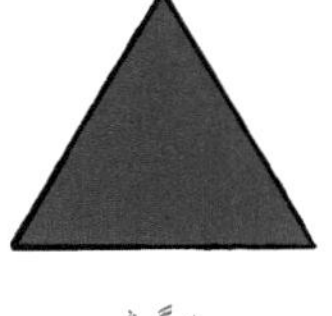

سه گوش

مثلث

# رنگ ها

## رنگونه

نارنجی

نارنجي

زرد

ژیړ

سفید

سپین

بنفش

ارغواني

قرمز

سور

صورتی

ګلابي

قهوه ای

نسواري

سبز

شین

آبی

نیلي

سیاه

تور

خاکستری

خړ

# متضاد ها

## متضاد

زیبا / زشت

................

ښکلی/بدشکله

خشمگین/ آرام

................

قار/ارام

خیلی / کم

................

خورا ډیر/خورا لږ

روشن / تیره

................

روښانه/تیاره

بزرگ / کوچک

................

لوی/کوچنی

شروع / پایان

................

پیل/پای

کامل / ناقص

................

مکمل/نامکمل

تمیز / آلوده

................

پاک/ککړ

برادر / خواهر

................

ورور/خور

پهن / باریک

................

پراخه/نری

مرده / زنده

................

مړ/ژوندی

روز / شب

................

ورځ/شپه

هیجان زده / بی حوصله

..................

پاریدلی/بي خونده

غضبناک / مهربان

..................

بد/مهربان

قابل خوردن / غیر قابل خوردن

..................

د خوراک وړ/نه خوړل کیدونکی

دوست / دشمن

..................

ملګری/دښمن

اولین / آخرین

..................

لومړی/وروستی

چاق / لاغر

..................

چاق/وچ

سنگین / سبک

..................

دروند/سپک

سفت / نرم

..................

سخت/نرم

پر / خالی

..................

ډک/تش

غیرقانونی / قانونی

..................

غیرقانوني/قانوني

مریض / سالم

..................

ناروغ/روغ

گرسنگی / تشنگی

..................

لوږه/تنده

نزدیک / دور

..................

نږدې/لرې

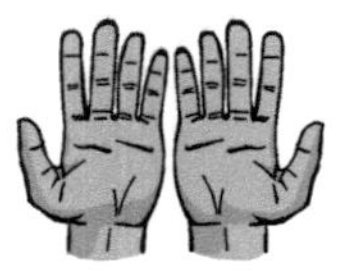

چپ / راست

..................

کیڼ/ښي

باهوش / خنگ

..................

هوښیار/ساده

پیر / جوان

..................

بډا/ځوان

هیچ چیز / چیزی

..................

هیڅ/یوڅه

نو / استفاده شده

..................

نوی/زوړ

آهسته / بلند

..................

غلی/لوړ غږ

باز / بسته

..................

خلاص/تړلی

روشن / خاموش

..................

چالان/بند

زبر / صاف

..................

زیږ/ملایم

درست / غلط

..................

صحیح/غلط

ثروتمند / فقیر

..................

بډایه/غریب

کند / تند

..................

سست/ګړندی

کوتاه / بلند

..................

لنډ/اوږد

غمگین / خوشحال

..................

خفه/خوښ

جنگ / صلح

..................

جګړه/سوله

گرم / خنک

..................

ګرم/یخ

تر / خشک

..................

لوند/وچ

# اعداد

## شمیري

| 2 | 1 | 0 |
|---|---|---|
| دو | یک | صفر |
| دوه | یو | صفر |

| 5 | 4 | 3 |
|---|---|---|
| پنج | چهار | سه |
| پنځه | څلور | دري |

| 8 | 7 | 6 |
|---|---|---|
| هشت | هفت | شش |
| اته | اوه | شپږ |

| 11 | 10 | 9 |
|---|---|---|
| یازده | دَه | نه |
| یولس | لس | نهه |

| 12 | 13 | 14 |
|---|---|---|
| دوازده | سیزده | چهارده |
| دولس | دیارلس | څوارلس |
| **15** | **16** | **17** |
| پانزده | شانزده | هفده |
| پنځلس | شپاړس | وولس |
| **18** | **19** | **20** |
| هجده | نوزده | بیست |
| اتلس | نولس | شل |
| **100** | **1.000** | **1.000.000** |
| صد | هزار | میلیون |
| سل | زر | میلیون |

# زبان ها

## ژبې

چینی ماندارین
..................
چینایی مندرین

انگلیسی آمریکایی
..................
امریکایی انګلسي

انگلیسی
..................
انګلسي

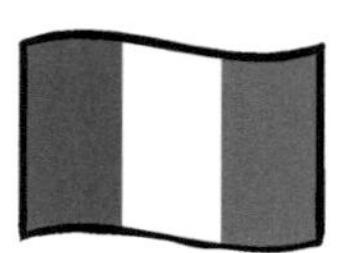

فرانسوی
..................
فرانسوي

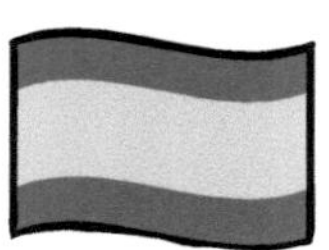

اسپانیایی
..................
هسپانوي

هندی
..................
هندي

پرتغالی
..................
پرتګالي

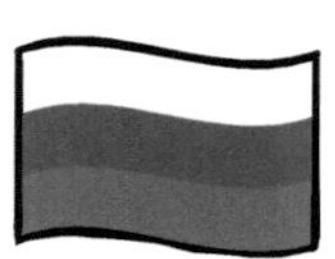

روسی
..................
روسي

عربی
..................
عربي

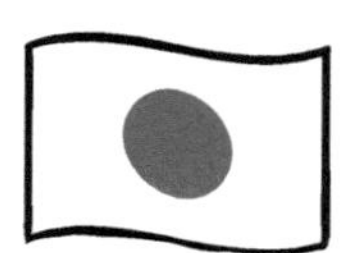

ژاپنی
..................
جاپاني

آلمانی
..................
آلماني

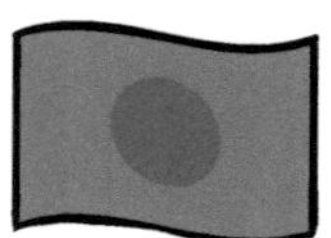

بنگالی
..................
بنګالي

# چه کسی / چه چیزی / چگونه

## څوک/څه/څنګه

او

هغه/دغه/دا

تو

ته

من

زه

آنها

دوی/هغوی

شما

تاسي

ما

موږ

چگونه؟

څنګه؟

چی؟

څه؟

چه کسی؟ کی؟

څوک؟

نام

نوم

کِی؟

کله؟

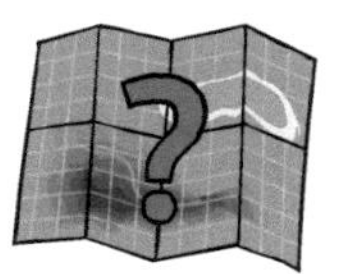

کجا؟

چیرې؟

# کجا

## چیرې

جلو

په مخه کې

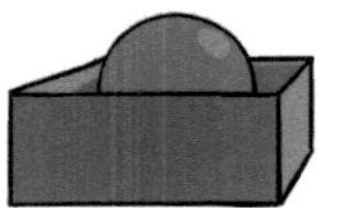

توی

په

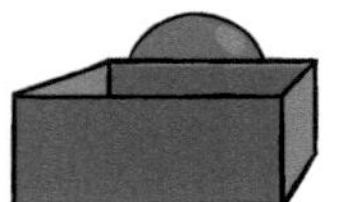

پشت

شاته

زیر

لاندې

روی

په

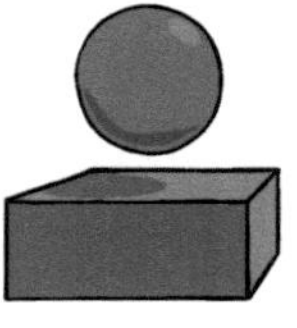

بالای

باندې

مکان

ځای

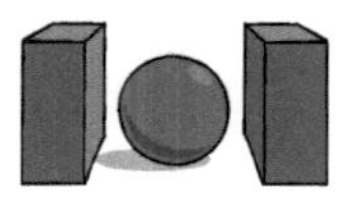

بین

ترمینځ

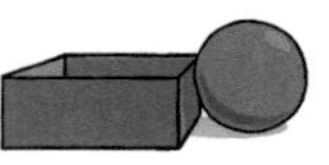

مجاور

برسیره پر